ANALIZA KSIĄŻKI

Służące

• • • • • • • • • • • • • •

Kathryn Stockett

ANALIZA KSIĄŻKI

Napisany przez Florence Balthasar
Przetłumaczony przez Kâmil Kowalski

Służące

KATHRYN STOCKETT

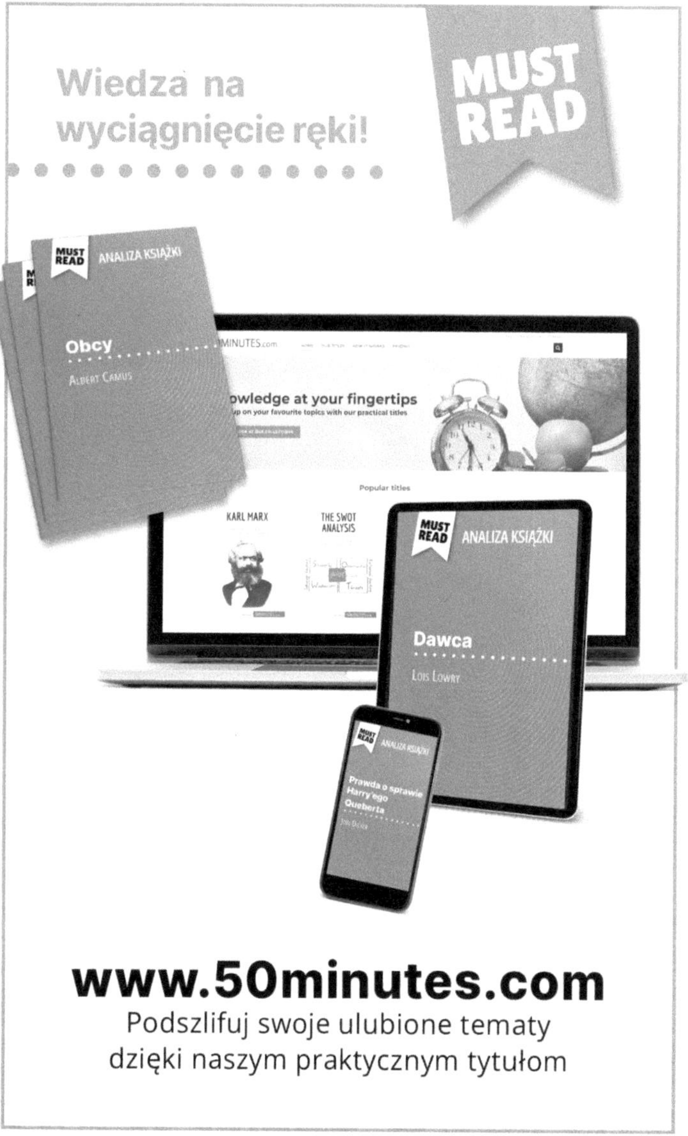

Wiedza na wyciągnięcie ręki!
MUST READ
MUST READ
ANALIZA KSIĄŻKI
Obcy
Albert Camus
knowledge at your fingertips
Popular titles
KARL MARX
THE SWOT ANALYSIS
MUST READ
ANALIZA KSIĄŻKI
Dawca
Lois Lowry
Prawda o sprawie Harry'ego Queberta
www.50minutes.com
Podszlifuj swoje ulubione tematy dzięki naszym praktycznym tytułom

KATHRYN STOCKETT   **5**

Amerykańska powieściopisarka   5

SŁUŻĄCE   **6**

Powieść polifoniczna   6

STRESZCZENIE   **7**

Książka krytyczna   7
Projekt, który łączy ludzi   9

STUDIUM POSTACI   **12**

Aibileen   12
Minny Jackson   12
Eugenia "Skeeter" Phelan   13
Charlotte Phelan   14
Hilly Holbrook   15
Stuart Whitworth   15
Celia Foote   15
Konstantyn   16
Postacie drugoplanowe   16

ANALIZA   **17**

Powieść polifoniczna   17
Obraz społeczeństwa lat sześćdziesiątych na południu
Stanów Zjednoczonych   18
Rejestry mieszania   20

DALSZA REFLEKSJA   **22**

Kilka pytań do przemyślenia....   22

DALSZE CZYTANIE   **23**

Wydanie referencyjne   23
Adaptacje   23

KATHRYN STOCKETT

AMERYKAŃSKA POWIEŚCIOPISARKA

- **Urodzona w Jackson (Stany Zjednoczone) w 1969 roku**
- **Praca:** *Służące* (2009), powieść

Kathryn Stockett jest współczesną pisarką. Urodziła się w 1969 roku w białej rodzinie w Jackson, w stanie Missisipi (Stany Zjednoczone). Po studiach z zakresu języka angielskiego i kreatywnego pisania na Uniwersytecie w Alabamie, zamieszkała w Nowym Jorku, gdzie przez kilka lat pracowała jako redaktorka w jednym z magazynów. Od 2001 roku mieszka w Atlancie, w stanie Georgia.

Dorastając w Missisipi w latach siedemdziesiątych, została bezpośrednio skonfrontowana z kwestią relacji między czarnymi i białymi w Stanach Zjednoczonych, a zwłaszcza w południowych stanach. Temu osobistemu doświadczeniu zawdzięcza częściowo inspirację do swojej pierwszej powieści *Służące,* wydanej w 2009 roku.

SŁUŻĄCE

POWIEŚĆ POLIFONICZNA

- **Gatunek:** powieść

- **Wydanie referencyjne:** Stockett, K. (2009) *The Help*. New York: Amy Einhorn Books.

- **Wydanie pierwsze:** 2009 r.

- **Tematyka:** rasizm, pisanie, praca, świadectwo, społeczeństwo amerykańskie w latach sześćdziesiątych, segregacja

Służące to debiutancka powieść Kathryn Stockett. Autorka poświęciła na jej napisanie pięć lat i spotkała się z dziesiątkami odmów, zanim jej rękopis został w końcu zaakceptowany przez wydawnictwo. Ta trudność w zdobyciu publikacji kontrastuje z ogromnym sukcesem, jaki powieść odniosła po wydaniu, zarówno w Stanach Zjednoczonych, jak i za granicą.

Utwór ten, poprzez swoją polifoniczną strukturę, przedstawia obok siebie głosy trzech kobiet żyjących w Jackson, Mississippi, w 1962 roku. Pierwsze dwie kobiety, Aibileen i Minny są czarne. Trzecia kobieta, Skeeter, jest biała i kwestionuje prawa społeczeństwa, w którym te trzy kobiety żyją. Jej projekt wydania książki ze świadectwami zbliży te trzy kobiety, wbrew wszelkim oczekiwaniom, i zakwestionuje podstawy amerykańskiego sposobu życia.

STRESZCZENIE

Powieść podzielona jest na 34 rozdziały, których narracja prowadzona jest na przemian przez Aibileen, Minny i pannę Skeeter, z wyjątkiem rozdziału 25, w którym narrację przejmuje narrator zewnętrzny. Akcja powieści rozgrywa się w Stanach Zjednoczonych w latach sześćdziesiątych, czyli w okresie, kiedy rasizm był jeszcze bardzo obecny.

KSIĄŻKA KRYTYCZNA

Aibileen ma 53 lata i pracuje w domu Leefoltów jako służąca. Bardzo lubi młodą Mae Mobley, która jest pod jej opieką, a której rodzice ją zaniedbują.

Minny, najlepsza przyjaciółka Aibileen, również jest służącą. Niestety, została zwolniona z Miss Walters', ponieważ została oskarżona o kradzież przez Hilly Holbrook, kobietę głęboko rasistowską. Hilly zaproponowała zainstalowanie osobnych toalet dla czarnych i białych. Świadoma niesprawiedliwości sposobu, w jaki jest traktowana, Minny mści się w sposób zbyt straszny, by o nim wspominać. Na szczęście szybko zostaje zatrudniona przez Celię Foote, która robi to w tajemnicy. Aby utrzymać swoją pozycję, musi przestrzegać jednej jedynej zasady: jeśli Johnny Foote, mąż Celii, wróci do domu wcześniej niż planowano, musi ukryć się w toaletach. Jednak pewnego dnia spotykają się przypadkowo i postanawiają udawać, że on nadal nie jest mądry.

Panna Skeeter, młoda kobieta z dobrej rodziny, po latach studiów na Uniwersytecie Ole Miss wraca do domu, do rodziców.

Jej matka marzy o tym, żeby wyjść za mąż i zapowiada zbliżającą się wizytę Stuarta Whitwortha, który jej zdaniem jest niezłym chwytem. Skeeter poznaje go, ale nie chce wychodzić za mąż. Jej marzeniem jest praca w wydawnictwie w Nowym Jorku. Za radą Elaine Stein, redaktorki z Nowego Jorku, zostaje zatrudniona w Jackson Journal, ale powierzono jej prowadzenie kolumny domowej, której nie lubi. Czuje się wyobcowana z zainteresowań swoich najlepszych przyjaciółek z dzieciństwa, Hilly i Elizabeth, i zastanawia się, o czym wspominała Constantine, służąca, która ją wychowała, i dlaczego opuściła dom, zanim wróciła. Aby znaleźć odpowiedź, zadaje te pytania Aibileen, która informuje ją, że Constantine został zwolniony po tym, jak jej córka, której skóra jest bardzo blada, zachowywała się w niedopuszczalny sposób u Phelanów.

Niedługo potem Aibileen orientuje się, że Skeeter chce coś zmienić i mówi o tym Minny. W tym samym czasie dowiadują się, że Robert, młody czarny mężczyzna, został pobity przez dwóch białych mężczyzn po tym, jak skorzystał z toalet bez pozwolenia, co głęboko szokuje Skeeter. Zbrodnia ta powtarza się jakiś czas później, gdy Medgar Evers, sekretarz lokalnego sektora stowarzyszenia obrony praw obywatelskich czarnych, zostaje zabity przez członków Ku Klux Klanu. Młoda kobieta postanawia wówczas napisać książkę o sytuacji czarnych i prosi Aibileen o współpracę. Początkowo Aibileen odmawia, wspominając o ryzyku, jakie stanowiłby dla niej taki projekt.

Projektem Skeeter zainteresowana jest Elaine Stein, która mówi jej, że jest pewna, że uda jej się zebrać zeznania, choć jest to dalekie od prawdy. Aibileen oddzwania jednak do Skeeter, by powiedzieć jej, że zgodzi się na zeznania i że porozmawia z Minny: przygoda z książką rusza. Minny uświadamia jej powagę sytuacji i to, że to nie jest gra. Jednak nie przeszkadza to Aibileen wspomnieć o projekcie innym czarnym służącym, które zgadzają się wziąć w nim udział.

PROJEKT, KTÓRY ŁĄCZY LUDZI

Skeeter potajemnie idzie do Aibileen, aby rozpocząć wywiad, ale jej metoda nie jest w porządku i odkładają wywiad. Dwa dni później próbują ponownie: tym razem Aibileen czyta Skeeter to, co napisała wcześniej. Prosi też młodą kobietę o wypożyczenie dla niej książek z biblioteki publicznej, która jest zarezerwowana dla białych; Skeeter korzysta z okazji, by poszukać informacji na temat prawa Jima Crowa. Później Skeeter mówi Aibileen, że zapomniała swojej torby, w której są książki o sytuacji czarnych w lidze, gdzie spotykają się wszystkie panie, i że Hilly ją znalazła.

 ### DOBRZE WIEDZIEĆ: PRAWA JIMA CROWA

Prawa Jima Crowa były nakazami deklaracji, które stosowano w Stanach Zjednoczonych. Rozróżniały one obywateli w zależności od ich pochodzenia i wpajały segregację rasową. Na przykład, czarni nie mogli chodzić do tych samych miejsc publicznych, szkół itp. co biali.

Tymczasem Hilly prowadzi kampanię na rzecz utworzenia toalet specjalnie dla służby, pod pretekstem środków higieny.

Jeśli chodzi o Skeeter, ona zastanawia się, co przyniósł Stuart zerwać swoje zaręczyny z byłą narzeczoną, Patricia, a jej rodzice oficjalnie spotkać Whitworths. Ostatecznie do zaręczyn nie dochodzi.

Z powodu błędu celowo popełnionego przez Skeetera, ogród Holbrooków zapełnia się starymi toaletami. Hilly, która organizuje coroczny bal charytatywny, odmawia pomocy Celii, która niedawno poroniła. Słyszy też, że Minny pracuje teraz u Footów.

Celia odkrywa, że mąż Minny ją bije. Obie kobiety zostają zaatakowane przez ekshibicjonistę i dzielnie się bronią. Celia przygotowuje się do balu charytatywnego, na którym ma nadzieję pogodzić się z Hilly. Jednak w dniu imprezy Celia zostaje zauważona ze względu na swój strój i rozdziera sukienkę Hilly. Hilly wygrywa pierwszą nagrodę, którą jest ciasto czekoladowe przygotowane przez Minny. Później Celia naśmiewa się z Hilly, bo wie, że Minny, z zemsty za niesprawiedliwe zwolnienie, dał Hilly ciasto czekoladowe i czekał, aż zjadła go, aby powiedzieć jej, że zrobił go z jej ekskrementów.

Rękopis, do którego dodano epizod z plackiem Hilly'ego, jako zabezpieczenie, zostaje zaakceptowany. Książka ma zostać wydana, a miasto Jackson, choć nieświadome, że jest tematem książki, jest nią podekscytowane. Kiedy zostaje wydana, Hilly otrzymuje egzemplarz książki.

Grupa kobiet czeka, aż Hilly stwierdzi, że powieść nie jest o Jackson, ale o innym mieście: jeśli tego nie zrobi, wszyscy mogą odkryć, że to ona zjadła czekoladowe ciasto Minny. Hilly doskonale zrozumiała, że chodzi o nią i grozi Skeeter. Jej wysiłki idą jednak na marne, bo wie, że lepiej nie ujawniać, kto zjadł ciasto. Skeeter postanawia wyjechać do Nowego Jorku, gdzie pewien magazyn chce ją zatrudnić.

Jeśli chodzi o Minny, to opuszcza ona swojego męża, natomiast Aibileen na prośbę Hilly'ego zostaje zwolniona z Leefoltów. Mimo smutku z powodu odejścia Mae Mobley, pociesza się myślą o kontynuowaniu pisania. Minny, Skeeter i Aibileen otrzymują ciepłe (acz dyskretne, ze względu na ryzyko) podziękowania od czarnej społeczności Jackson.

STUDIUM POSTACI

AIBILEEN

Mając 53 lata, jest pierwszą z trzech narratorek opowiadających tę historię, co pokazuje jej znaczenie. Służąca zatrudniona przez rodzinę Leefolt, jest niemym świadkiem ich codziennej podłości i z dyskrecją skupia się na wychowaniu Mae Mobley. Aibileen uosabia więc formę uniwersalnego współczucia i miłości: niezależnie od koloru skóry dziecka, którym się opiekuje, kocha je jak własne. Ta czułość wynika również ze straty jej syna, który zginął w wyniku rasowych uprzedzeń, na których zbudowane było społeczeństwo Missisipi.

Aibileen jest też pierwszą, która zgadza się na współpracę ze Skeeter, najpierw pomagając jej w pisaniu felietonów o gospodarstwie domowym, potem anonimowo zeznając o swojej sytuacji. Jest kontrapunktem Skeeter: czarna, a nie biała, ale równie inteligentna i świadoma niesprawiedliwości sytuacji; jej rodzina jest biedna, musiała opuścić szkołę, by pracować, podczas gdy Skeeter, z dobrze sytuowanej rodziny, mogła iść na studia. A jednak dobrze czuje się w słowach i właściwie jest pisarką, nie wiedząc o tym, o czym świadczą jej modlitwy, które zapisuje bezpośrednio w notatniku, a które stają się pierwszym źródłem zbiorowej książki.

MINNY JACKSON

Najlepsza przyjaciółka Aibileen, jej sangwiniczny temperament i sposób posługiwania się słowami odróżniają ją od niej. Minny jest mała i gruba, ma gęste, lśniące brązowe loki i jest siedemnaście lat młodsza od Aibileen. Doskonała kucharka, Minny nie potrafi milczeć, gdy się z czymś nie zgadza i nie waha się zemścić, gdy uzna to za konieczne, co pokazuje odcinek Hilly i ciasto.

Za swoim silnym wyglądem ujawnia się jako nieszczęśliwa żona i dzielna matka. Minny jest uosobieniem ciężkiego losu pracownic w Jackson, a szerzej – wszystkich czarnoskórych kobiet w Stanach Zjednoczonych, które zmuszone były do poddawania się upokorzeniom w pracy i samotnego dźwigania większości obowiązków rodzinnych.

EUGENIA "SKEETER" PHELAN

Spośród trzech kobiet, jako jedyna jest biała. Choć należy do dobrego towarzystwa Jacksona, różni się od innych młodych dam ze swojej klasy społecznej pod kilkoma względami, co pozwala jej zająć kluczową pozycję. Skeeter jest znacznie bardziej wolna niż jej przyjaciółki Elizabeth i Hilly, które są więźniami społecznych konwenansów, pragnie się wyemancypować i mieć pracę, która ją interesuje, a nie wyjść za mąż i mieć dzieci.

Swój przydomek, oznaczający Komar zawdzięcza długim rękom i chudym nogom, które nadają jej zgrabną sylwetkę: taka się urodziła, a w miarę dorastania jeszcze bardziej upodobniła się do komara.

Ma 22 lata, gdy wraca z college'u, jest więc znacznie młodsza od Aibileen i Minny, i to ona inicjuje poszukiwania, gdyż wpada na pomysł zebrania świadectw służących, co jest powodem ich tajnego spotkania. W społeczeństwie przedstawionym w powieści Skeeter jest jedną z jedynych osób, które mają świadomość, że segregacja jest sytuacją niesprawiedliwą, która nie jest oczywista i którą można by zmodyfikować.

Skeeter definiują też jej ambicje literackie, które zderzają się z rodzinną presją, by przed wszystkim dobrze wyjść za mąż. Jej postać jest więc figurą autorską: projekt zbierania świadectw jest początkowo sposobem na przekonanie Elaine Stein, nowojorskiej redaktorki, o swoich kompetencjach zawodowych. Przez to powieść wydaje się być zbudowana na zasadzie mise en abyme (strategia literacka, w której dzieło sztuki zostaje włożone do innego dzieła): czy książka, którą czyta czytelnik, jest tą, którą napisała Skeeter? Co więcej, książka, którą pisze Skeeter nosi ten sam tytuł, co właściwa powieść, bohaterowie są tacy sami, a jej powieść jest również polifoniczna. Tak więc Skeeter może być odbiciem prawdziwego autora prawdziwej powieści.

CHARLOTTE PHELAN

Reprezentuje ona ostatnie pokolenie białych właścicieli ziemskich na południu Stanów Zjednoczonych, którzy wciąż zatrudniają wielu czarnych, potomków niewolników, do pracy na swoich plantacjach. Sposób, w jaki potraktowała Constantine'a i jej córkę, podkreśla różnicę, jaka dzieli czarnych i białych. Nie będąc celowo złośliwą, nie jest w stanie pozbyć się niesprawiedliwych ograniczeń narzuconych przez społeczeństwo, w którym żyła przez całe życie. Choroba, która ją zżera, może być interpretowana jako rozkład wartości staroświeckiego społeczeństwa, w którym pozory i dobre małżeństwo są lepsze niż niezależność i wolność myślenia. Jednak po wydaniu książki wspiera córkę.

HILLY HOLBROOK

Uosabia podstawowy egoizm i rasizm, za swoimi pozorami idealnej żony i dobroczynnego obywatela. Nie chciałaby zmieniać niczego w społeczeństwie, które umieściło ją po właściwej stronie, w mieszczańskiej białej rodzinie.

STUART WHITWORTH

Idealny z wyglądu zalotnik, jest synem potężnego człowieka i Skeeter na początku mocno go nie lubi. Ich relacja jednak ewoluuje i prowadzi do zaręczyn. W końcu jednak Stuart uosabia to, z czym Skeeter po cichu walczy: hipokryzję ludzi, którzy są u władzy i chcą nią pozostać. Ten związek, który kończy się niepowodzeniem, pozwala Skeeter wyrobić sobie zdanie na temat swojej pozycji i dokonać radykalnych zmian w swoim życiu, które prowadzą ją do wyjazdu do Nowego Jorku, gdzie odnajdzie swoją zawodową i intelektualną niezależność.

CELIA FOOTE

Zdefiniowana przez swoją naiwność i nieznajomość konwenansów dobrego towarzystwa Jacksona, zatrudnia Minny potajemnie, aby jej mąż nie dowiedział się o jej braku wiedzy na temat prowadzenia gospodarstwa domowego. Brak uprzedzeń i samotność skłaniają ją do zaprzyjaźnienia się ze służącą, która jednocześnie ją lubi i nie ufa jej. Celia odgrywa również rolę kozła ofiarnego w społeczeństwie białych kobiet uosabianych przez Hilly: obiektem zazdrości z powodu małżeństwa i pogardy z powodu skromnego pochodzenia, jest wyśmiewana i poniżana, aż w końcu dokonuje zemsty.

KONSTANTYN

Nieświadomie to właśnie ona jest powodem projektu Skeeter: to z powodu jej zniknięcia Skeeter postanawia wypytać Aibileen i Minny o los czarnych pokojówek. Uosabia figurę guwernantki, która do pewnego stopnia zastępuje matkę, co sytuuje ją w literackim dziedzictwie Margaret Mitchell (postać Mammy w *Przeminęło z wiatrem*) i Williama Faulknera (Dilsey w *Dźwięku i furii*).

POSTACIE DRUGOPLANOWE

Dzielą się one zasadniczo na grupę pokojówek (Kiki Brown, Yule May, Pascagoula itd.) oraz grupę białych rodzin (Elizabeth i Raleigh Leefolt, Phelanowie, panna Walters itd.).

ANALIZA

POWIEŚĆ POLIFONICZNA

Służące to powieść, której strukturę można określić jako polifoniczną: każdy rozdział poświęcony jest głosowi jednej postaci, która opowiada jeden epizod historii ze swojej perspektywy. To właśnie ta naprzemienność głosów buduje opowieść i sprawia, że akcja toczy się dalej: trzy kobiety, Aibileen, Minny i Skeeter, na zmianę opowiadają chronologicznie wydarzenia, które dyktują życie białym rodzinom z Jackson i ich służącym.

Ten typ konstrukcji pozwala na kilka rzeczy:

- Po pierwsze, historia wprowadzana jest na trzy różne sposoby, zgodnie z trzema wspomnianymi wcześniej perspektywami. Styl każdego z narratorów jest doskonale rozpoznawalny: Skeeter, która uczyła się w college'u, używa języka wysokiego, podczas gdy język Aibileen jest prostszy, a Minny zaśmiecona wyrażeniami potocznymi. Uwypukla to idiosynkrazje, czyli unikalny i typowy dla każdej osoby sposób posługiwania się językiem ojczystym: trzy kobiety wyrażają się inaczej, zgodnie ze swoją społeczną przynależnością.

- Mamy więc do czynienia z trzema perspektywami i trzema wrażliwościami, które wyrażane są na temat jednej, tej samej historii: mnożąc perspektywy, Stockett podkreśla złożoność sytuacji, która może być rozumiana z różnych punktów widzenia, z których każdy jest równie ważny.

- Co więcej, polifoniczna konstrukcja pozwala jej na przeplatanie głosów: Aibileen, Minny i Skeeter nie odzywają się w trzech kolejnych blokach, ale nieustannie na zmianę zabierają głos. W ten sposób powieść pozwala na to, czego zakazało przedstawione społeczeństwo, czyli na swobodny obieg mowy i myśli, na spotkanie perspektyw. Podczas gdy całe Missisipi jest podzielone, a biali i czarni stoją po oddzielnych stronach, powieść łączy ich ponownie, mieszając głosy trzech kobiet, dwóch grup społecznych, poprzez literaturę.

- Wreszcie polifonia nadaje opowieści większą dynamikę: każdy rozdział, opowiadany z określonego punktu widzenia, jest z konieczności niepełny i musi być wzbogacony o kolejny głos. To czytelnik, odkrywając głosy jeden po drugim, zbiera i układa kawałki układanki. Przerywając swoją narrację, by pozwolić kolejnemu narratorowi opowiedzieć o sobie, każdy głos stwarza poczucie suspensu: na chwilę część historii zostaje pozostawiona na boku, a inny tymczasowo ją przejmuje. Ta sprawność narracyjna częściowo wyjaśnia sukces powieści, która spotkała się z ciepłym przyjęciem ze strony czytelników.

OBRAZ SPOŁECZEŃSTWA LAT SZEŚĆDZIESIĄTYCH NA POŁUDNIU STANÓW ZJEDNOCZONYCH

Służące to cofnięcie się w czasie: napisana w latach 2000, skupia się na całkiem niedawnym okresie w historii Stanów Zjednoczonych, ale takim, który nie był jeszcze obficie omawiany w literaturze. Rzeczywiście, akcja rozgrywa się w Missisipi w 1962 roku: mimo przerwania segregacji rasowej w latach 40. społeczeństwo południa Stanów Zjednoczonych było podzielone. Oddając głos trzem kobietom z różnych pozycji społecznych w tym społeczeństwie, Stockett uczyniła z *Służące* powieść historyczną: zwyczaje i obyczaje tego społeczeństwa i tego okresu są opisane i wspomniane w sposób realistyczny.

Dla przykładu rozważmy wychowanie dzieci i kondycję kobiet: w przypadku sytuacji Mae Mobley przywołana zostaje bezinteresowność kobiet wobec własnych dzieci, choć musi ona wykazywać pewne zainteresowanie, by zaspokoić społeczne oczekiwania. W ten sam sposób nacisk matki Skeeter na znaczenie przestrzegania społecznych oczekiwań i pojawiania się jako nieśmiała i dyskretna młoda kobieta, aby przyciągnąć męża i stworzyć szanowaną rodzinę, ujawnia presję wywieraną na kobiety z burżuazji. Przywołana zostaje również kultura południowoamerykańska, poprzez opis zwyczajów żywieniowych i posiłków przygotowywanych przez pokojówki, których Minny próbuje nauczyć Celię Foote.

Uwzględnione zostają również poważniejsze aspekty społeczne: chęć oddzielenia przestrzeni społecznej w jej najmniejszych szczegółach, aż po toalety, ilustruje nacisk Hilly a na oddzielne toalety dla białych i czarnych. Książka, którą Skeeter znajduje w trakcie badań, to zbiór Jim Crow Laws for the south, czyli lista praw określających, co czarni mogli lub nie mogli robić w szeregu stanów na południu Stanów Zjednoczonych. Wyliczała różne sposoby separacji obywateli w zależności od ich koloru skóry.

Tak więc, z perspektywy politycznej i społecznej, powieść maluje społeczeństwo, które jest jednocześnie odległe i bliskie, a którego efektem były obecne Stany Zjednoczone.

Wybierając rok 1962, Kathryn Stockett przypomina nam o znaczeniu pewnej karty we współczesnej historii Ameryki: rok później, 28 sierpnia 1963, Martin Luther King (amerykański pastor, 1929-1968) wygłosił słynne przemówienie "Mam marzenie" podczas marszu na Waszyngton w obronie wolności i zatrudnienia. Następnie, w lipcu 1964 roku, podpisano Civil Rights Act: uczynił on nielegalnymi wszelkie próby dyskryminacji ze względu na płeć, kolor skóry czy pochodzenie społeczne.

Trójka narratorów, czarnych i białych, znajduje się więc u progu tych kluczowych dla amerykańskiego społeczeństwa zmian; pojawia się jako ich katalizator, w mniejszej skali Jackson, a ich skromne losy dołączają do losów znakomitych modeli, takich jak Rosa Parks (1913-2005) czy Martin Luther King, które głęboko zmieniły społeczeństwo Stanów Zjednoczonych.

REJESTRY MIESZANIA

Przedstawienie tego brutalnego i niesprawiedliwego społeczeństwa, w którym równowaga dominacji opiera się na rasistowskich zasadach, jest jednak rozjaśnione przez komiczne potraktowanie niektórych epizodów, które bawią czytelnika, nie umniejszając wagi tematu. Ilustracją tej zasady jest na przykład niewiarygodny wybryk Minny kosztem Hilly'ego: zastępczy składnik włożony do ciasta wiąże się z dziecięcą wyobraźnią, w której zemsta pozwala na dokonanie rzeczy nie do pomyślenia i kazanie wrogowi zjeść swoje odchody, traktując to wyrażenie dosłownie. Wraz z tym epizodem, który wpisuje Minny w tradycję rabelaisowską (Rabelais był francuskim pisarzem, 1494-1553), można dodać epizod toalet pozostawionych przed bardzo szacownym domem Hilly:

intymny symbol zostaje wykorzystany i umieszczony w sferze publicznej, tworząc w ten sposób sytuację komiczną: chociaż trzy kobiety podejmują prawdziwe ryzyko, zbierając się do napisania książki, nadal można się śmiać z niektórych humorystycznych sytuacji stworzonych przez niesprawiedliwe społeczeństwo.

DALSZA REFLEKSJA

KILKA PYTAŃ DO PRZEMYŚLENIA....

- Co wnosi do powieści struktura polifoniczna?

- Jak w powieści przedstawiona jest czarna społeczność?

- Jak reprezentowane są kobiety w powieści?

- Jak w powieści przedstawiony jest stan Missisipi?

- Dlaczego możemy powiedzieć, że postać Skeeter w powieści jest postacią autorską?

- Co reprezentuje w powieści postać Celii Foote?

- Jakie, Waszym zdaniem, mogą być przyczyny natychmiastowego sukcesu *Służące* zarówno w Stanach Zjednoczonych, jak i za granicą?

- Porównaj wizję społeczeństwa amerykańskiego, szczególnie w zakresie relacji między czarnymi i białymi, w książce *Służące* i *To Kill a Mockingbird* Harper Lee (1960).

- Jakie są różnice między powieścią a jej kinową adaptacją, zwłaszcza w zakresie struktury i narracji? Jak te różnice wpływają na film?

DALSZE CZYTANIE

WYDANIE REFERENCYJNE

Stockett, K. (2009) *The Help*. New York: Amy Einhorn Books.

ADAPTACJE

The Help. (2011) [Film]. Tate Taylor. Dir. USA: DreamWorks SKG.

Chcemy usłyszeć od Ciebie, co się dzieje!
Zostaw komentarz na temat swojej internetowej biblioteki
i podziel się swoimi ulubionymi książkami w mediach społecznościowych!

Dlaczego warto wybrać Must Read?

Dowiedz się wszystkiego, co musisz wiedzieć o książce dzięki naszym zwięzłym i dogłębnym streszczeniom i analizom!

Odkryj to, co najlepsze w literaturze w zupełnie nowym świetle!

www.50minutes.com

www.50minutes.com

Master ISBN: 9782808695084
Papierowy ISBN: 9782808616485
Depozyt prawny: D/2023/12603/1928

Verhaal: © Primento

Projekt cyfrowy: Primento, cyfrowy partner wydawców.